글 아라이 만 (新井 滿, Arai Man, 1946~2021)

일본 니가타 출신으로, 작가이자 작사가, 작곡가, 사진작가, 환경 비디오 프로듀서,
나가노 올림픽 이미지 감독 등 다양한 분야에서 활약하였습니다.
1987년에는 『벡사시옹』으로 노마 문예 신인상을, 1988년에는 『찾는 사람의 시간』으로 아쿠타가와상을 수상했습니다.
『천 개의 바람이 되어』는 원래 영어 시 'Do Not Stand at My Grave and Weep'에서 영감을 받아 만들어진 작품입니다.
아라이 만은 이 시를 일본어 가사로 번안한 뒤, 직접 멜로디를 붙여 노래로 만들어
많은 이들에게 깊은 감동을 전했습니다.

그림 조아름

그림책 작가로 활동 중입니다.
지은 책으로는 『실내 동물원』, 『영춘 할머니』, 『아기 거북이 클로버』, 『내 엄마 아빠가 되어 줄래요?』,
그린 책으로는 『사람은 무엇으로 사는가』, 『느티나무의 기억』, 『밥 힘으로 살아온 우리 민족』,
『사랑해 꼭꼭꼭』 등이 있습니다.

"떠나갔지만 항상 당신 곁에 있어요.
이 세상에 남겨진 모든 이들에게 위로가 되길."

천 개의 바람이 되어

2025년 8월 5일 1판 1쇄 인쇄
2025년 8월 20일 1판 1쇄 발행

글_아라이 만 그림_조아름

발행인_황민호
캐릭터비즈사업본부장_석인수
편집 진행_그림책 · 별꽃
디자인_SALT&PEPPER
발행처_대원씨아이(주) www.dwci.co.kr 서울시 용산구 한강대로 15길 9-12
전화_02-2071-2151(편집) 02-2071-2066(영업)
팩스_02-794-7771
등록번호_1992년 5월 11일 등록 제3-563호

ISBN 979-11-423-0218-3 (77800)

[KOMCA] 승인필
이 책은 사단법인 한국음악저작권협회를 통해 '천 개의 바람이 되어' 노래의 한국내 저작권을 가진 후지퍼시픽뮤직코리아의 승인을 얻어
출판되는, 저작권법에 의해 한국 내에서 보호를 받는 저작물이므로 무단 전재 및 무단 복제를 금합니다.
ⓒ아라이 만, 조아름

※잘못된 제품은 구입하신 곳에서 교환해 드립니다.

천 개의 바람이 되어

글 아라이 만
그림 조아름

나의 사진 앞에서 울지 마요

나는 그곳에 없어요

나는 잠들어 있지 않아요
제발 날 위해 울지 말아요

나는 천 개의 바람
천 개의 바람이 되었죠

저 넓은 하늘 위를 자유롭게 날고 있죠

가을엔 곡식들을 비추는 따사로운 빛이 될게요

겨울엔 다이아몬드처럼 반짝이는 눈이 될게요

아침엔 종달새 되어 잠든 당신을 깨워 줄게요

밤에는 어둠 속에 별 되어 당신을 지켜 줄게요

나의 사진 앞에 서 있는 그대
제발 눈물을 멈춰요

나는 그곳에 있지 않아요
죽었다고 생각 말아요

나는 천 개의 바람
천 개의 바람이 되었죠

저 넓은 하늘 위를 자유롭게 날고 있죠

저 넓은 하늘 위를 자유롭게 날고 있죠

저 넓은 하늘 위를 자유롭게 날고 있죠

천 개의 바람이 되어

글 아라이 만

나의 사진 앞에서 울지 마요
나는 그곳에 없어요

나는 잠들어 있지 않아요
제발 날 위해 울지 말아요

나는 천 개의 바람
천 개의 바람이 되었죠

저 넓은 하늘 위를
자유롭게 날고 있죠

가을엔 곡식들을 비추는
따사로운 빛이 될게요

겨울엔 다이아몬드처럼
반짝이는 눈이 될게요

아침엔 종달새 되어
잠든 당신을 깨워 줄게요

밤에는 어둠 속에 별 되어
당신을 지켜 줄게요

나의 사진 앞에 서 있는 그대
제발 눈물을 멈춰요

나는 그곳에 있지 않아요
죽었다고 생각 말아요

나는 천 개의 바람
천 개의 바람이 되었죠

저 넓은 하늘 위를
자유롭게 날고 있죠

나는 천 개의 바람
천 개의 바람이 되었죠

저 넓은 하늘 위를
자유롭게 날고 있죠

저 넓은 하늘 위를
자유롭게 날고 있죠